T0178954

SI TE VAS
A ENAMORAR,
ENA-
MÓ-
RATE
BIEN

NACHO LLANTADA

SI TE VAS A ENAMORAR,

ENA-
MÓ-
RATE
BIEN

Pensamientos, historias y consejos para aprender a querer mejor

Grijalbo

Si te vas enamorar, enamórate bien
Pensamientos, historias y consejos para aprender a querer mejor

Primera edición: octubre, 2019
Segunda edición: enero, 2020

D. R. © 2019, Nacho Llantada

D. R. © 2020, derechos de edición mundiales en lengua castellana:
Penguin Random House Grupo Editorial, S. A. de C. V.
Blvd. Miguel de Cervantes Saavedra núm. 301, 1er piso,
colonia Granada, alcaldía Miguel Hidalgo, C. P. 11520,
Ciudad de México

www.megustaleer.mx

Ana Paula Dávila, por el diseño de portada e interiores

ISBN: 978-607-318-729-9

Impreso en México – *Printed in Mexico*

El papel utilizado para la impresión de este libro ha sido fabricado a partir de madera procedente
de bosques y plantaciones gestionadas con los más altos estándares ambientales, garantizando
una explotación de los recursos sostenible con el medio ambiente y beneficiosa para las personas.

Penguin
Random House
Grupo Editorial

A los que creen en el poder del **AMOR**.

Índice

Ya estoy cansado de escuchar quejas. Estoy cansado de las excusas, de los reclamos, de la negatividad. Ya no quiero repartir la culpa entre el destino, la situación y el prójimo. No más. Quiero trabajar en mi desarrollo personal. Quiero cambiar al mundo. Quiero ser una mejor persona. Quiero amar más y ser más feliz. Quiero repartir el amor... Empezaré hoy. Es más, empecemos juntos. Tentemos al destino con abrazos, con buena vibra y muchas sonrisas. El hecho de que estés aquí, ahora, es una muy buena señal. Creo que el amor es la base de todo: el amor sostiene y sustenta. Sólo con amor podremos cambiar. ¡Cambiemos juntos nuestro mundo!

En este libro encontrarás ideas, creencias, experiencias y aprendizajes que he obtenido a lo largo de mi vida. Te las entrego lleno de emoción y esperanza, con la ilusión de que sean útiles para ti y los tuyos. Van para ti con la intención de compartir el amor que tanto nos urge a todos. Está dirigido a los que confían en el amor, a los que se atreven a soñar y creen que pueden cambiar su realidad. Es para quienes saben que necesitamos aprender y mejorar constantemente como personas. No es un libro exclusivo para mujeres o para hombres; a todos nos urge enamorarnos bien... amar bien.

Gracias por estar aquí, por tu amor y tu apoyo. Todo esto me llena de energía, y es por ti que sigo dando mi mejor esfuerzo.

Muchos abrazos.

Estoy seguro de que alguna vez en la vida te has hecho estas preguntas: ¿Dónde está el amor? ¿Por qué amar es complicado? ¿Por qué duele el amor? ¿Cuándo me enamoraré por primera vez? No te preocupes, es normal tener estas dudas y muchas más. Quiero empezar aclarando que nadie ha dicho que esto del amor sea fácil. Todo lo bueno demanda esfuerzo y crecimiento. No olvides que el amor empieza contigo. Se trata de cómo superas o rompes tus barreras psicológicas y emocionales. No esperes que alguien venga a amarte cuando ni tú mismo te amas.

Para entrarle a temas de amor necesitas empezar teniendo una buena autoestima. El amor es crecimiento y compromiso, pero primero con uno mismo: es tener el valor de mirar hacia adentro, indagar, rascar en lo más profundo y reconocer quién eres, lo que puedes mejorar y lo que debes resaltar. El amor está en ti, no en el otro. No busques el amor, la paz y todos los placeres en tu pareja.

Nadie ha dicho que esto del amor sea fácil. Todo lo bueno demanda esfuerzo y crecimiento.

Empieza contigo. Una vez que entendemos esto, estamos listos para salir a buscar el amor.

Si tú eres feliz y seguro de ti mismo, ya tienes cubiertos dos aspectos muy importantes para amar. La seguridad en ti te vuelve atractivo. **Ser seguro es sexy.** Es más poderoso que la belleza física. Así que, mientras averiguas hacia dónde ir en el amor, empieza contigo: desarrolla las habilidades que te hagan sentir más seguro, más pleno, y trabaja en tus puntos débiles. Las personas seguras llaman la atención. A todos nos gusta convivir con personas así.

El amor no aparece en tu vida para hacerte feliz; tú ya debes serlo desde antes para que entonces magnifique esa felicidad cuando se dé. El amor tampoco se "comprende". Por el amor no se lucha; eso no existe, no es cierto. En el amor no hay disputas ni violencia. El amor fluye: llega y se va cuando quiere. Quizá llegue cuando estés listo, quizá no. Parece a veces tan imposible, y luego, cuando lo vives, tan irreal.

Entonces, ¿qué onda con el amor? ¿Se busca? ¿Se persigue? ¿Se atrae? Yo creo que es una mezcla de las tres. A pesar del aumento de páginas web y aplicaciones especializadas para promover citas, yo creo que no hay un manual para amar ni un cuestionario certero para medir los sentimientos.

A finales de la década de los noventa, el psicólogo Galen Buckwalter

15

desarrolló el primer algoritmo del amor para "predecir" la felicidad en una relación de pareja, basándose en qué tan similares son las personalidades de cada uno. Después de entrevistar a más de cinco mil matrimonios, concluyó que las parejas que coinciden por lo menos en 29 atributos —por ejemplo, vida social y temperamento— son felices. En los últimos años se han desarrollado más algoritmos, muchos creados para las grandes empresas de citas en línea, como el de Pepper Schwartz, socióloga de la Universidad de Washington, en Seattle, para PerfectMatch.com, o el caso de Match.com, que luego creó Chemestry.com a partir del algoritmo de Helen E. Fisher, de Rutgers, basado en la química neurológica para predecir el éxito en el amor.[1]

Yo no creo en algoritmos para los sentimientos. Yo creo que el amor está en ti. Desarrolla tu potencial, sé *feliz* y el amor aparecerá pronto. Estoy seguro de que estos algoritmos miden miles de atributos o variables, pero a mí me gustan las cosas más simples y tradicionales: trabaja en tu propia felicidad, incrementa tu confianza y acéptate como alguien que vale mucho y merece grandes cosas.

Lo que yo te aconsejo en la búsqueda del amor son las **TRES A**:

---

[1] John Tierney, "Hitting it off, Thanks to Algorithms of Love", *The New York Times*. 29 de enero, 2008. Consultado en shorturl.at/hGJSZ.

A Tiene que haber un gran clic en este aspecto. ¡Ve por la persona que más te guste! ¡La persona más atractiva que jamás hayas conocido! Que exista chispa y química, que te gusten su cara y su cuerpo.

A Está claro que no debe ser alguien idéntico a ti, sin embargo, compartir puntos en común será de mucha utilidad, sobre todo en aspectos sociales, intelectuales y emocionales.

A Busca alguien con quien puedas ser auténtico, con quien puedas mostrar tu verdadero "yo" desde el primer día, y asegúrate de que la otra persona también lo esté siendo.

Las **TRES A** son un buen principio, pero a veces se nos complica saber qué queremos exactamente. Si lo analizamos desde su opuesto, en ocasiones fluye un poco mejor. Por ejemplo:

- **NO DEBES DEPENDER DE TU PAREJA PARA SER FELIZ.**
- **NO DEBE CAUSARTE NINGUNA CLASE DE SUFRIMIENTO.**
- **NO DEBE QUERER CONTROLARTE.**
- **NO DEBE DESCONFIAR DE TI.**
- **NO DEBE IMPONERTE CONDICIONES.**

● NO DEBE QUERER FORZARTE A NADA.
● NO DEBEN SER IDÉNTICOS.

OJO

Ojo con lo que no quieres. A veces, hasta que estamos en una relación "recordamos" que ciertas cosas de nuestra pareja nunca nos han gustado. Jamás olvides lo que no quieres en una relación. (Practica con la actividad al final del capítulo).

En mis relaciones llegaba un punto en que me hacía esta pregunta: "¿Nacho, te ves en el futuro con ella? ¿La ves como la madre de tus hijos?". **¡ZAS!** Me hacía reflexionar mucho sobre mi pareja, sobre los motivos de estar con ella en ese particular momento y si acaso eran suficientes para pensar en una relación a largo plazo. Ten el valor de hacerte ésta y muchas otras preguntas. Te ayudarán a visualizar lo positivo y lo negativo de tu relación.

Hay miles de razones equivocadas por las que a veces tenemos o nos quedamos en una relación. La más común es la soledad. La vemos como un problema o un defecto, y nos lleva a grandes errores con consecuencias que trascienden y pueden afectar nuestra vida entera. Nunca empieces una relación por el simple hecho de que no quieres estar solo. Entre los pretextos más comunes que se escuchan:

● ES LO QUE SIGUE.
● TODOS MIS AMIGOS YA SE CASARON.
● NO QUIERO ESTAR SOLO.

18

- **NECESITO QUE ME AMEN.**
- **QUIERO SER MADRE O PADRE.**
- **MÁS VALE MALO CONOCIDO QUE BUENO POR CONOCER (¡OBVIO QUE NO!).**

Cuántas veces no lo habré escuchado: "¿Nacho, por qué el amor es **TAN** complicado?"... Pero, ¿cómo no va ser complicado si estamos hablando de hacer un esfuerzo por aceptarnos, amarnos, desarrollarnos, tener una gran autoestima y luego entrar en un mundo donde se cruzarán egos, sentimientos, pensamientos, deseos, atracción física, hormonas y muchas cosas más? En una relación, tu ego y tu corazón están expuestos. Habrá riesgos. En ese mundo del que hablo es posible que la persona con quien pensaste estar toda tu vida de pronto te rompa el corazón y desaparezca sin decir nada. Es un mundo donde hay dolor, donde existe una batalla continua entre tu cabeza y tu corazón, donde en ocasiones tu cuerpo entero te pedirá hacer algo y tu mente pedirá todo lo contrario. En ese mundo podría suceder que la persona que considerabas tu mejor amigo o amiga en toda la galaxia de pronto te declare su amor. Es posible que seas tú quien le rompa el corazón a alguien. En el amor también hay arrepentimientos y dudas. ¿Cómo no va a ser difícil? ¿Cómo no va a doler? Aun cuando todo vaya bien, de pronto puede aparecer una tormenta y modificar los planes y las prioridades. El amor deja heridas y traumas, como una arena llena de retos.

El amor acerca el cielo y expande el sol. El *amor* genera millones de estrellas, tus estrellas.

Entonces, ¿por qué lo buscamos? Porque, a pesar de todo, ese momento en que se entrelazan las manos, ese primer instante en que los labios chocan, el entendimiento con tan sólo mirarse, el placer físico y la exaltación del alma, esa química rebotando por las venas es lo mejor que uno puede experimentar. El amor es un gran regalo. El amor es un dios. El amor acerca el cielo y expande el sol. El amor genera millones de estrellas, tus estrellas. Hay miles de frases sobre el amor, pero entre ellas destaco: "El amor no te debe completar, te debe complementar".

➡️   Añadir a una magnitud o cantidad las partes que le faltan.

➡️   Cosa, cualidad o circunstancia que se añade a otra para hacerla íntegra o perfecta.

A ti no te falta ninguna parte, estás completo. El amor amplifica lo que tú ya eres. Entonces, sé tu mejor versión.

Historia de amor

Bárbara tenía cuarenta años y había pasado una década soltera desde que terminó con su pareja. Por cierto, había sido su único novio. Ahora estaba concentrada en su vida laboral y académica, y era muy exitosa. Se graduó con excelencia de sus dos maestrías y había ascendido en el organigrama de la empresa, pero parecía que toda su vida era el trabajo.

Sus amigos y familiares la motivaban para que conociera personas afuera de la oficina, pero Bárbara decía que no tenía tiempo y ya estaba un poco grande para eso. Finalmente, y después de mucha insistencia, aceptó ir a una cita con una amiga, su novio y un amigo de ellos, Teodoro.

Las chispas brincaron desde que cruzaron la mirada por primera vez. Al saludarlo, Bárbara sintió un cosquilleo en el estómago. Él no podía dejar de sonreír. No dejaron de hablar, como si les urgiera recuperar el tiempo perdido, como si quisieran traer el pasado, los aprendizajes y las expectativas a ese instante. Era tanta la conversación y la emoción que tenían al estar charlando, que mejor se fueron a otra mesa.

Pasaron horas. Sus amigos se retiraron del restaurante cerca de la medianoche, pero ellos se quedaron hasta que los corrieron porque iban a cerrar. Tenían un brillo en los ojos. Sintieron una conexión inmediata. Al despedirse, cada quien caminó a su casa, no lejos del lugar. Durante los últimos veinte años habían pasado diario por ahí. Hacían ejercicio en el mismo parque todas las noches. Iban al mismo supermercado. Su trabajo estaba a unas cuadras de distancia. Incluso habían estado en la misma universidad, pero no se habían encontrado. Se vieron al día siguiente y luego el fin de semana, y un mes después iniciaron una relación formal de noviazgo. Al año se casaron. Ahora llevan tres años de feliz matrimonio.

Les pregunté qué sintieron la noche que se conocieron y los dos concuerdan en que fue algo que jamás habían sentido. Los dos lo describen como una sensación cálida en el pecho, como un masaje tibio muy agradable. También reconocen que veían un brillo alrededor de la otra persona, como si la naturaleza les estuviera gritando: "¡Ella es! ¡Es él!".

Antes de que se conocieran, ninguno de los dos iba a citas. En la primera encontraron al amor de su vida. Los dos dicen que fue realmente **AMOR A PRIMERA VISTA.**

Historia sin tanto amor

Gerardo tenía dieciocho años y acababa de entrar a la universidad cuando conoció a Lorena, quien tenía dieciséis y cursaba la preparatoria. A los pocos meses ya eran novios. Al principio todo era felicidad, flores, detalles y emoción. Se veían casi diario. Él dejó un trabajo que tenía en las tardes para estar con ella. Lorena descuidó la escuela porque quería estar con Gerardo todo el tiempo. Reprobó muchas materias y se la pasaba escribiendo su nombre en cualquier lado. Gerardo se alejó de sus amigos. Además, como ya no trabajaba, sólo tenía el poco dinero que le daban sus padres. Ante la insistencia de Lorena, Gerardo incluso dejó de ir los sábados al estadio de futbol con su papá, a pesar de que llevaban diez años haciéndolo. Sus padres le reclamaron los cambios en su comportamiento.

Llevaban siete meses de novios cuando Gerardo conoció más a detalle los problemas que tenía Lorena con su familia. Su padre era alcohólico y su madre padecía esquizofrenia. Su ambiente familiar era muy violento: golpes, gritos, discusiones. Dos de sus hermanos ya se habían ido de la casa por lo mismo. "Ya no aguanto, Gerardo, mi mamá me pega todos los días. Vivo en un infierno", le dijo Lorena un día. Gerardo sintió ansiedad y desesperación por lo que su novia estaba viviendo. Se sentía responsable. Le dolía verla en ese ambiente tan negativo y lo único que pensaba era: "Tengo que ayudarla. Es mi responsabilidad sacarla de ahí".

Al día siguiente, llegó a verla y estaba en pleno llanto. Tenía un ojo morado. "Ya no puedo seguir aquí, Gerardo. Vamos a escaparnos y vámonos a vivir juntos". Lleno de ira por ver a su novia golpeada, aturdido por la situación, le dijo que sí. Pensó que la podía salvar y que ella siempre estaría agradecida con él. Se fueron sin planearlo siquiera. Lorena tenía un poco de dinero ahorrado, con lo que pudieron rentar un cuarto en una colonia muy lejos de donde vivían. No habían pensado cómo subsistir. La familia de Gerardo estaba muy molesta y dejó de darle dinero, así que tuvo que abandonar la universidad para ponerse a trabajar. Lorena también dejó de estudiar, pensando que ya no era necesario. Se deprimió aún más por estar encerrada en ese horrible cuarto. No le gustaba la colonia donde vivían y empezó a reclamarle a Gerardo que no tuvieran suficiente dinero para vivir.

Él estaba contento por haberla alejado de tanta violencia, pero cada vez hablaban menos. Cuando él llegaba del trabajo, ella estaba dormida —a veces porque había tomado mucho alcohol—, y lo mismo en la mañana. Así pasaron los meses, y si es que alguna vez hubo algo de amor, se fue apagando.

Eventualmente, Gerardo perdió el trabajo y salía todo el día intentando encontrar otro. Así pasaron varias semanas, hasta que una tarde regresó al cuarto y Lorena ya no estaba. Sólo encontró una carta que decía: "De salvador no tienes nada, eres un perdedor". Se había regresado con sus padres.

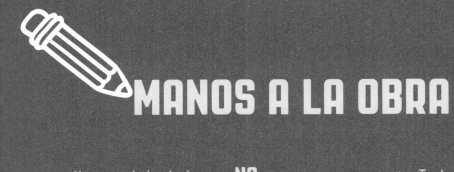

MANOS A LA OBRA

Haz una lista de lo que **NO** quieres en una pareja. Tenla presente. Cuando conozcas a alguien, lee cada punto para que estés atento a lo que no te gusta. Si te hacen falta líneas, tienes un espacio al final del libro para ti.

Lo que **NO** quiero en mi pareja

1. _
_ _
2. _
_ _
3. _
_ _
4. _
_ _
5. _
_ _

¿QUÉ ES EL AMOR?

- NUNCA NADIE DIJO QUE EL AMOR SERÍA FÁCIL.
- EL AMOR COMIENZA CONTIGO.
- EL AMOR NO LLEGARÁ A HACERTE FELIZ, TÚ YA LO ERES.
- EL AMOR ESTÁ EN TI. ¡ADIÓS A LOS ALGORITMOS!
- RECUERDA LAS TRES A PARA BUSCAR EL AMOR.
- TEN PRESENTE TU LISTA DE LO QUE **NO** QUIERES EN UNA PAREJA.
- EL AMOR NO TE DEBE COMPLETAR, SINO COMPLEMENTAR.

El cambio es importante

Si sigues haciendo lo mismo, obtendrás los mismos resultados. Hay que aprender de los errores y modificar nuestros intentos, nuestros hábitos y nuestra preparación. Lo comenté en el capítulo anterior: en cuanto al amor, la autoestima es todo. Si tienes confianza en ti mismo, proyectarás una buena imagen, una actitud encantadora. Recuerda: como tú te ves a ti mismo, así te ven los demás.

Albert Einstein dijo: "Quien no se ha equivocado, nunca ha intentado algo nuevo", y a la par escuchamos a Jim Rhon decir: "El éxito es hacer las cosas ordinarias extraordinariamente bien". Cuando algo no funciona como queremos, necesitamos probar de otra manera, y eso es lo que haremos ahora. No me refiero solamente a un nuevo corte de cabello, una dieta, más tiempo en el gimnasio o empezar de cero a hacer ejercicio, lo cual es genial que hagas por ti, pero me refiero a cambios en tu interior. Sí, va de nuevo: **EL AMOR ESTÁ EN TI, EMPIEZA Y TERMINA CONTIGO.** Necesitas amarte primero tú.

Te reto a que cambies y empieces a hacer cosas nuevas, y a que salgas de la maldita zona de confort donde muchos se han perdido. En verdad es peligrosa; incluso puede arruinar una vida. Pero la tuya no. Sal de esa zona pantanosa, de la arena movediza. Sal, ven conmigo.

SÉ MÁS AMABLE

A veces actuamos como si tuviéramos un radar para determinar con quién ser amables y con quién no. Creemos tener la certeza de que vamos a reconocer a la damisela o al famoso príncipe azul, y entonces sólo vamos a ser amables frente a ellos. Regateamos la amabilidad como si afectara nuestra imagen, como si ser amables implicara rebajarnos. Al contrario, la amabilidad engrandece y proyecta seguridad. **La amabilidad es poderosa.** No sólo te ayudará a conocer más gente, sino que reforzará esa imagen positiva que tienes de ti mismo. Ser amable siempre atrae cosas buenas. Compórtate así con todas las personas que encuentres en tu vida, empezando por tu familia. La amabilidad es sexy. Preocuparse por los demás es sexy. Son actos que hablan bien de ti.

Recuerda: como tú te ves a ti mismo, así te ven los demás.

CUIDA TU IMAGEN FÍSICA

Dientes lavados. Desodorante. Cabello arregla-do. Cuerpo, ropa y zapatos limpios. El trabajo interior es importante, pero el exterior es su complemento.

HABLA MÁS

Una persona segura y amable destaca todo el tiempo y no tiene empacho en iniciar conversaciones comunes con gente desconocida. ¡Eso es lo que harás! Serán cortas si tú quieres, pero es algo nuevo que antes no hacías. Platica con quien normalmente no tendrías ningún tipo de conversación, con la persona que atiende la cafetería de la universidad, el chofer del camión o del Uber, el vigilante del edificio donde trabajas, quien esté frente a ti en una fila, una persona de limpieza en la escuela, un mesero, alguien que se esté preparando un café junto a ti, con quien te encuentres en la misma sección de una librería, con el instructor del gimnasio, con quien sea. Empieza a irradiar tu seguridad. No tienen que ser diálogos largos, sólo enfócate en comentarios positivos, y si incluyes actos de agradecimiento, aún mejor. Por ejemplo:

"Muchísimas gracias por abrirme la puerta todos los días. Hasta hoy me di cuenta de que nunca le he preguntado su nombre", "Te recomiendo mucho ese libro, yo ya lo leí y está buenísimo", "Son los mejores chilaquiles que he probado en mi vida". ¡Inténtalo! Las oportunidades son infinitas.

HAZ COSAS NUEVAS Y VE A LUGARES DIFERENTES

Si siempre vas al cine, ahora ve al teatro. Si nunca has ido a un concierto, ve a uno de Los Claxons. Si te gusta ir a bailar, ahora busca un concierto de piano. Inscríbete en un club de lectura o toma clases de declamación, de cocina o de algún idioma. Si te gusta ir a restaurantes de comida china, ve a uno mexicano. Si nunca has pertenecido a un grupo de ayuda social, busca alguno, ya sea de una iglesia, una congregación o una asociación civil. Expande tu círculo. Haz más amigos. Es genial tener amigos "de toda la vida", pero a veces nos encierra. Cuida a tus amigos de siempre y ábrete a conocer más personas. Visita lugares nuevos. Aprende más cosas. Estos cambios mejorarán tu estado de ánimo, y seguirás desarrollando tu autoestima.

OLVIDA LA PRISA

¡Despacio que llevamos prisa! Mostrar desesperación por estar enamorado, por amar y ser amado no es bueno. Una persona segura no es impaciente, aunque quiera amar y esté buscando hacerlo. La urgencia y la desesperación nos hacen ver inseguros y pueden echar a perder todo. Cuando conozcas a alguien, recuerda que tú ya eres una persona feliz, segura de sí misma, atractiva. Lo que suceda dependerá de muchas cosas, pero no demuestres urgencia por tener su número, por asegurar que se vuelvan a ver. ¡Por favor, no mandes mensajes de texto a cada rato! ¡No le llames cinco veces al día! Despacio. Las personas seguras de sí mismas disfrutan cada etapa, saben lo que tienen y lo que valen, así que tómate tu tiempo.

Seguir los consejos en este capítulo hará que te superes, seas más seguro y te sientas más feliz. Eso siempre es más atractivo. Garantizado. El amor no se alcanza ni se acosa. El amor se atrae. ¡Venga!

El **amor** no se alcanza ni se acosa. El **amor** se atrae.

Historia de amor

Un grupo de apostolado invitó a Eugenia a una misión durante Semana Santa. Dudó en ir porque el grupo era de otra preparatoria y sólo tenía una amiga ahí, Elisa. Le daba un poco de flojera tener que conocer gente nueva, además de que le mortificaba no ser bien recibida. Elisa insistió mucho, le dijo que hacer algo por el prójimo era muy enriquecedor y estaba segura de que sería una gran experiencia. Finalmente, Eugenia aceptó.

Empezaron las juntas de preparación y las dos amigas no se quedaron en el mismo grupo. Eugenia estuvo a punto de retirarse, pero pensó que era muy rápido para darse por vencida. Se sentó hasta atrás en la reunión, fingió unas cuantas sonrisas y no participó en las dinámicas. Le costaba mucho salir de su zona de confort y hacer cosas que normalmente no hacía. A pesar de ello, todos en su grupo fueron muy amables. Al terminar, Eugenia pensó que no había estado tan mal. Había conocido a ocho personas y estaba participando en un proyecto cuyo objetivo principal era ayudar. Decidió darse la oportunidad y asistir a la junta de la semana siguiente. Se dio cuenta de que no era tan difícil conocer gente; a los demás también les interesaba conocerla a ella y nadie la trató diferente por ser nueva.

Conforme pasaba el tiempo, Eugenia se sentía cada vez más feliz con su grupo de amigos, emocionada con esta nueva parte de su vida. Su autoestima también aumentó cuando aceptaron varias de sus propuestas para recaudar fondos. Se recuperaba poco a poco de una relación pasada que la había dejado muy triste y lastimada. Su novio anterior la celaba constantemente, la cuestionaba por todo y no le daba la libertad que ella merecía. Estuvo en esa relación mucho más tiempo del debido y al fin se había animado a terminarla unos meses atrás. Ahora, en la misión, se daba cuenta de todo lo que su exnovio le había dicho para hacerla sentir mal, y que ya había empezado a sanar. Descubrió que era capaz de hacer muchas cosas de las que antes dudaba y que él mismo limitaba. Incluso se dio cuenta de que varios hombres mostraban un interés especial en ella y pensó que tal vez se debía a su estado de ánimo en esos momentos.

Durante los fines de semana de preparación lavaban autos, hacían colectas, rifaban pasteles y cortaban el pasto de las casas para obtener más recursos y solventar el proyecto. Su familia estaba sorprendida al verla tan contenta. A pesar de que llegaba agotada, sucia y sudada, hacía mucho que no la veían sonreír así. La propia Eugenia lo confirmaba, "No sé qué es, mamá, pero todos son buena onda. No fingen nada. Sólo importa el proyecto. No sé por qué nunca me animé a meterme a un grupo así". En la misión volvió a tocar la guitarra, algo que ya no hacía porque su exnovio le había dicho que las mujeres no debían tocar ese instrumento. También era la encargada del coro. Muchos le decían que tenía una gran voz y tocaba muy bonito. Qué ironía, pues su ex-novio se burlaba de ella diciendo que cantaba como urraca.

Llegó la fecha del viaje y Eugenia estaba muy emocionada con el reto. Sentía que era otra persona: más libre, más segura, y por supuesto, una persona así llama la atención. Apareció un chavo, Patricio, que empezó a mostrar interés en ella. Era atento, educado y trataba de estar siempre a su lado, pero sin limitarla; al contrario, la retaba a seguir superándose. Eugenia se sentía muy bien con él y su amistad fue creciendo. En el viaje se convirtieron en una gran pareja de líderes en todas las actividades.

La semana pasó rápido y regresaron agotados. Al bajar del camión, Patricio le pidió a Eugenia unos minutos. "Tengo que confesarte que estoy loco por ti. Tu personalidad me tiene emocionado. Estar a tu lado me llena de electricidad. Junto a ti soy mejor y estoy seguro de que te puedo hacer feliz. Quiero que seas mi novia. No sé dónde estuviste todos estos años, pero sí sé dónde quiero que estés el resto de los años que nos quedan de vida". Ella se sentía igual. Era increíble sentir una conexión tan fuerte, y le dijo que sí. Se casaron cuando cumplieron cinco años de novios. Hoy tienen veinticinco años de casados y tres hijos, y ambos coinciden en que fue una gran ventaja conocerse en un entorno donde podían ser auténticos, sin poses ni pretensiones. Eugenia muchas veces se pregunta qué hubiera sido de su vida si no hubiera ido a ese grupo de misiones.

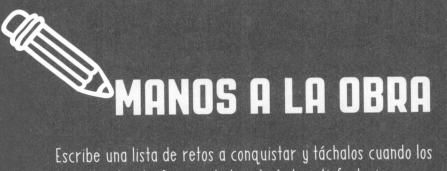

MANOS A LA OBRA

Escribe una lista de retos a conquistar y táchalos cuando los hayas realizado. De inmediato sabrás lo satisfactorio que es alcanzar tus metas. Puedes agregar una descripción de lo bueno y lo malo de cada reto, y cómo te sentiste al hacerlo.

Lista de retos

1. _____
_____
2. _____
_____
3. _____
_____
4. _____
_____
5. _____
_____

EL CAMBIO ES IMPORTANTE

- SI HACES SIEMPRE LO MISMO, OBTENDRÁS LOS MISMOS RESULTADOS.
- UNA PERSONA AMABLE ES SEXY.
- TÚ TIENES QUE SER LA PRIMERA PERSONA QUE AMES.
- SIGUE LOS CINCO CONSEJOS PARA CAMBIAR.

¡De

3

enamo

Antes de que empieces a leer este capítulo, pon de fondo la canción "Tu sonrisa", de Los Claxons. Creará una gran atmósfera para estas palabras. ¿Listo? Dale.

Si te vas a enamorar, hazlo bien. Hazlo de alguien que valga la pena. Con quien no tengas que forzar nada. Hazlo de quien quiera conocer todo de ti, desde tu color favorito, hasta tu secreto más profundo. Enamórate de quien ame tu risa. Hazlo de quien quiera a tu familia y la sienta como suya. De quien quiera presumirte, enseñarte a todo el mundo. Enamórate de sus defectos, virtudes y complejos. Enamórate de quien será un buen padre, una buena madre o un gran abuelo. Si te vas a enamorar, hazlo con quien sientas un mismo latido, con quien puedas embonar, con quien lea tu mente y te haga ver en la oscuridad. ¡Eso! Enamórate de alguien con poderes, en especial el "poder" de hacerte sentir bien. Enamórate de quien te haga reír con locura. De una persona a la que puedas escribirle versos durante horas, que desaparezca el tiempo para ti. Alguien que te corte la respiración cuando está a tu lado, que puedas ver el sol en sus ojos. Quien te quite el miedo y te haga encontrar la paz.

Si te vas a enamorar, enamórate bien.

Si te vas a enamorar, hazlo bien.

42

Hazlo de alguien cuyo rostro encuentres en las nubes. De una persona que desaparezca el aire del planeta con un solo beso. De alguien que te haga sentir como un dios cuando se ven. Hazlo de quien te baje el cielo cuando ponga su mano en tu cadera. De esa persona con la que cruzas la mirada y generas armonía. De quien te sienta. De quien te mire. De quien te respete. Hazlo de quien te haga sentir frío de tanto calor, o al revés, según lo necesites. Si te vas a enamorar, hazlo de quien sueñe contigo, pero que te permita tener tus propios sueños. De quien te anime en tu camino, te aplauda en tus logros y te levante en tus caídas.

Si te vas a enamorar, hazlo **MUY** bien. Hazlo de quien te aparezca islas desiertas y cientos de colibríes. Enamórate de la persona que en una noche cualquiera haga una lluvia de estrellas para ti. Con quien sientas que te ahogas cuando separa sus labios de tu boca. De quien te hable con abrazos. Con quien puedas estar en silencio y también ahí se comuniquen. Con quien pierdas la tristeza y aparezca el gozo. Con quien nunca te falte un abrazo ni un segundo para charlar de lo que sea. Enamórate de quien te suba el corazón a la garganta. De quien te haga sentir que una década es un año. De esa persona que provoque calambres en tu nuca cuando entra en tu mente. Enamórate de quien te tumbe el universo.

Hazlo bien. Enamórate de una persona a la que siempre quieras tocar y besar. Con quien tengas más suspiros que prisas. Con quien existan más caricias que rutinas. Si te vas a enamorar, hazlo con quien te veas en el futuro, con quien te veas caminando de la mano lentamente en tus últimos años. Con quien puedas ser tú. Enamórate de quien te engrandezca y te complemente. De quien incremente tu felicidad, de quien te haga brincar más alto.

¡Arriésgate! El amor es arriesgado porque no existen los tesoros fáciles, porque no hay recompensa sin riesgo. Si te vas a enamorar, hazlo de alguien a quien no tengas que explicarle lo que sientes, con quien te entiendas a miradas. Hazlo de quien merezca todo el tiempo, de quien merezca toda la eternidad si lo tocas. Enamórate bien porque, cuando sólo tienes amor, lo tienes todo.

CUANDO SÓLO TIENES AMOR, LO TIENES TODO.

Historia de amor

Siempre que recuerdo esta historia, la imagino en color sepia. Quizá no sólo porque sucedió hace muchos años, sino por su gran romanticismo.

Era alrededor de 1950. La ciudad de Monterrey estaba en crecimiento y el punto de reunión eran la iglesia y algunas calles peatonales del centro. En aquella época era común ver a la gente de traje, vestido y sombrero para ir a misa. Alrededor de la iglesia vendían botanas, dulces y bebidas. Había un gran número de personas entre los que llegaban al templo, los que salían y los curiosos.

Un domingo de febrero, don Telémaco salió de la misa de mediodía. Brillaba el sol y había una brisa fresca. A lo lejos se escuchaba el timbre de la fundidora. Empezó a caminar por la banqueta cuando, en medio del tumulto, distinguió a una muchacha. Tenía la piel muy blanca y el cabello rojizo. "Parecía que brillaba", contaba don Telémaco. Sin pensarlo, y a pesar de su timidez, se dejó llevar por la emoción que sintió al verla y se dirigió hacia ella. Era tanta la gente que iba y venía por la angosta banqueta, que la perdió de vista. Se regresó desesperado a la iglesia, pero tampoco la encontró ahí. Salió y fue a la esquina donde se paraban los camiones. Pensó verla a lo lejos, pero al acercarse no había ninguna mujer con el cabello pelirrojo. Quizá la imaginó. Quizá sólo se había subido a un camión.

Regresó agobiado a la iglesia. Sentía cierta electricidad en las puntas de los dedos y el corazón le palpitaba en la garganta. Entró al templo y caminó por los costados; de ida por un lado y de regreso por el otro. Inspeccionó cada fila, pero no la encontró. Salió desilusionado y reclamándose a sí mismo haberla perdido. Estuvo tres horas afuera de la iglesia y la joven nunca apareció. Se quitó el saco de su traje gris porque ya llevaba tiempo bajo el sol de la tarde. Se encontró a dos amigos que le preguntaron si se sentía bien. Se veía deshidratado, cansado. "Andas muy quemado, pero te ves hasta triste. ¿Pos qué te pasó, Tele?", le preguntó un amigo. "Es que por un momento vi al amor de mi vida, a la mujer con la que me voy a casar. Pero cuando me quise acercar, se me perdió entre la gente", le contestó. Los dos amigos se rieron y empezaron a burlarse. "¿Pues a quién viste? ¿Era una actriz famosa o qué?". "No sé quién sea", se limitó a responder. "Nunca la había visto. Pero sentí algo que nunca había sentido. Como si todas las fuerzas del universo me gritaran que ella era mi mujer. Y deja tú, además es la más hermosa que he visto en toda mi vida". Sus amigos se miraron entre sí pensando que quizá la asoleada le había hecho daño. "¿Y nunca la habías visto? ¿Con quién iba?", preguntó el otro. "No, jamás. Iba con dos amigas. A lo mejor eran extranjeras, o de Villa de Santiago, porque todas eran muy blancas". Y ahí quedó la historia.

Sus amigos lo llevaron a tomar agua de limón y cenar unos tacos para dar por terminado el domingo, pero don Telémaco no podía borrar de su mente la imagen de esa mujer. Desde ese día soñaba con ella y la pensaba todo el tiempo. Volvió al domingo siguiente y esperó más de cuatro horas, pero no la encontró. Transcurrió otra semana y la muchacha seguía sin aparecer. Les preguntó a los vendedores ambulantes, a los globeros y los floristas, pero nadie había visto a una mujer como la que él describía. "Ay, don Tele, ¿no se le habrá zafado un tornillo? Hasta parece que vio a la Virgen", le dijo la señora que vendía el agua de limón. Pero a él no le importaban las burlas ni la falta de éxito en su búsqueda. Regresó cada domingo, uno tras otro, durante tres años, hasta que un bendito día la vio de nuevo.

Iba con las mismas dos amigas, directo a la entrada de la iglesia, hacia donde él se encontraba. Por fin la tenía a unos metros. Don Telémaco se acercó y le dijo, "Disculpe mi atrevimiento, estimada señorita, soy Telémaco González. Quiero preguntarle si me permite acompañarla a usted y a sus amigas a misa, y después invitarles una limonada, ya que tengo una gran historia que contarle". La muchacha, doña Alejandra, que en efecto era muy blanca y tenía el cabello ondulado y pelirrojo, aceptó la propuesta.

Salieron de misa y después de beber limonada fueron a comer unas enchiladas a unas cuadras de ahí. Don Telémaco estaba desesperado por contarle los detalles de su búsqueda, por decirle lo que sintió aquella primera vez que la vio años atrás, decirle lo decidido que estaba a encontrarla porque tenía la seguridad de que ella era la mujer de su vida. Por fortuna no le contó todo en esa primera ocasión porque lo más seguro es que doña Alejandra se hubiera asustado. Acordaron verse el domingo siguiente, y así fue. Repitieron la misma dinámica: misa, limonada, enchiladas y acompañarla hasta la parada del camión.

El tercer domingo, doña Alejandra llegó sola. Telémaco sonrió. Cuando salieron del templo, no paraban de hablar. Así estuvieron varios meses. Les dolía la cara de tanto sonreír. El tiempo volaba. Después se formalizó el noviazgo y, años más tarde, se unieron en matrimonio. Han pasado más de sesenta y cinco años juntos y felices. Tienen más de cuarenta nietos y varios bisnietos. Aún van a la iglesia juntos, salen caminando lento y tomados de la mano. A la fecha, cuando le preguntan a don Telémaco qué vio en doña Alejandra esa primera vez, él sólo dice: "No sé, fue como una explosión de gozo en mi pecho. Fue una señal muy clara y muy poderosa de que ella era para mí. Si hubiera tenido que seguirla buscando o esperando por más de tres años, seguro lo hubiera hecho. A ella la hubiera seguido buscando toda mi vida".

MANOS A LA OBRA

No dejes de lado las actividades 1 y 2: ten claro qué no quieres en una pareja (recuerda, te ayudará a enfocar lo que **SÍ** quieres), conviértete en tu mejor versión y sal de tu zona de confort. Ahora, cuando estés con esa persona que transforma tu universo en algo todavía más grandioso, sigue cambiando, sé mejor cada día y sugiérele a tu pareja que lo hagan juntos. Amar bien es de dos.

DE QUIÉN ENAMORARTE

- EL AMOR ES ARRIESGADO, PERO VALE LA PENA.
- ÁBRETE A AMAR LO QUE REALMENTE DESEAS PARA TI.
- ENAMÓRATE CON GANAS, CON VALOR Y CON ENTREGA.

¡Tips para ligar

Hace algunos años, estaba en un bar con mis amigos y me retaron a acercarme a una chava y lograr besarla sin que me dijera su nombre. Entre la emoción de conocerla y la adrenalina del momento, sin darme cuenta hice algo diferente a todos los que se le habían acercado esa noche y a quienes había rechazado. Lo que me impusieron mis amigos para dificultar la situación terminó siendo una ventaja: llegué con ella y, en lugar de irme a la típica conversación (ni si-

Un buen arranque es muy importante para evitar que te quedes atorado en la típica conversación inicial y no suceda nada más.

quiera voy a dar ejemplos aquí, creo que todos sabemos los "horrores" que cometemos cuando nos acercamos a conocer a alguien que nos gusta), le dije: "No me digas tu nombre". Ya con eso, con esa simple frase destaqué entre todos los demás. Había hecho algo inesperado.

La conversación empezó en otro nivel, uno más elevado, distinto a lo que todo mundo hace. En el amor, o cuando estás conociendo a alguien que te gusta, eso es increíblemente útil. Un buen arranque es muy importante para evitar que te quedes atorado en la típica conversación inicial y no suceda nada más. Lo que yo hice fue continuar con esa novedad: "Si no me dices tu nombre, te daré un premio". ¡Eh! ¿Qué tal? A todos nos gustan los retos y los acertijos, ¡ya no digamos las historias! ¿Qué hice? Llamé su atención, incluí un poco de intriga, desvié el miedo que todos sentimos al principio y además se relajó el momento. Ya no se trataba de mí haciéndole preguntas tontas ni de ella contestando con "sí" y "no", o el común "¿y tú?". Ya había una historia de la cuál podíamos hablar. De hecho, eso es lo que debes buscar en las primeras interacciones con una persona que te gusta: necesitas encontrar valores en común.

¿Cómo se logra esto? Intenta descubrir si hay algo que comparten y que pueda generar algún tipo de conexión emocional. Claro, no se trata de que te la pases hablando solamente tú. La conversación tiene que ser entre los dos. Ante todo, ¡aléjate de los monólogos! Son pretensiosos y normalmente no aportan nada nuevo al conocer a una persona.

En cambio, haz preguntas utópicas. Por ejemplo: "Si fueras a una isla desierta y sólo pudieras llevar tres cosas, ¿qué sería?" o "Si descubrieras la cura del cáncer por accidente, ¿qué harías?". Este tipo de preguntas "alucinadas" ayudan mucho. Primero, porque sigues haciendo cosas de manera diferente en lugar de preguntarle sobre su trabajo o su escuela. Segundo, ayudan a conocerse porque, de una forma o de otra, aparecerán algunos de sus valores en las respuestas, al igual que sus costumbres. Si dice que a la isla se llevaría a su mamá, a su abuelita y a una cocinera... ¡Es momento de huir! (Ja, ja, es broma).

Al hablar de historias o situaciones poco convencionales, los dos se pueden relajar y olvidar el estrés de la situación. Es normal que ambos estén nerviosos al principio, y entre más rápido lo superen, mejor. Busca la espontaneidad. Y de igual manera, no le des toda la información en ese instante, no le cuentes toda tu vida.

Retomaré la historia que te estaba contando... Seguimos platicando de varios temas en el bar, pero siempre estaba presente el misterio de por qué no quería saber su nombre. Luego yo le agregué algo más: "Por favor, tenme confianza. Te conviene". Estaba apelando a su amabilidad mientras seguía creando intriga. Al final de la noche, cuando la fui a dejar a su casa, se lo agradecí. Y además, cumplí mi palabra. Al día siguiente regresé y le regalé una canción que le había escrito en la madrugada, después de conocerla. ¿Qué surgió de esa historia? Con el paso del tiempo, no sólo una canción, sino también una familia. Y todo empezó bien por haber hecho las cosas de otra manera.

Aquí te van estos diez **TIPS** para ligar. Todos están probados y comprobados. ¡No fallan!

1 Demuestra tu seguridad. Recuerda, tú ya eres feliz y estás bien. Eres una persona única.

2 Ojo, ser una persona segura no es lo mismo que ser una persona sangrona. Sé amable. El principio de toda conversación puede ser complicado. Sonríe.

3 Siempre mira a la otra persona a los ojos.

4 Hazle preguntas utópicas.

5 Intenta descubrir algunos de sus valores. Busca puntos en común.

6 Evita el silencio. Muestra interés en la conversación.

7 Nunca exhibas ningún tipo de urgencia.

8 Sé una persona genuina.

9 Relájate. Sólo estás conociendo a otra persona.

10 Si te interesó, mantén la intriga.

Ahora te comparto diez cosas que **NO** debes hacer al ligar:

1 No critiques a nadie.

2 No hables mal de ti.

3 No pidas su valoración sobre tu aspecto físico ni hables de tu peso o de tu cuerpo.

4 No hables de tu ex.

5 No uses el celular.

6 No digas "sí" o "yo también" a todo con tal de seguir hablando.

7 No dejes de ser tú mismo.

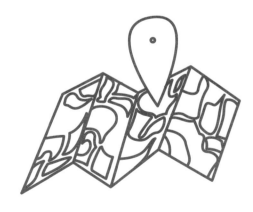

8 No le muestres con total seguridad que te conquistó. Algo de duda es primordial.

9 Usa mensajes de texto para armar un plan y nada más. Es mucho mejor que el resto de sus conversaciones se den cara a cara.

10 No trates de impresionar con pretensiones. No finjas.

La búsqueda debe ser divertida, espontánea, auténtica.

¡DIVIÉRTETE EN EL CAMINO!

MANOS A LA OBRA

No te quedes inmerso en las redes sociales y la tecnología que está a tu disposición. Hemos perdido la costumbre hasta de hacer contacto visual con las personas. Esta actividad te ayudará a retomarla. Cuando salgas:

 Mira a alguien a los ojos y sonríe.

 Practica generar una conversación con alguien desconocido.

 Brinca cualquier barrera psicológica o emocional que no te permita conocer a otras personas. Por ejemplo, no tengas miedo al rechazo; es una de las trabas más comunes que nos impiden acercarnos a alguien que nos gusta. ¡Y nunca sabes!

TIPS PARA LIGAR

- ⬭ ATRÉVETE A HACER ALGO DIFERENTE CUANDO CONOZCAS A ALGUIEN. SÉ CREATIVO.
- ⬭ UN BUEN INICIO ES FUNDAMENTAL.
- ⬭ CREA INTRIGA E INTERÉS.
- ⬭ INTENTA FORMAR UNA CONEXIÓN EMOCIONAL.
- ⬭ HAZ PREGUNTAS UTÓPICAS.
- ⬭ REPASA LOS DIEZ tips PARA LIGAR.
- ⬭ TEN PRESENTES LAS DIEZ COSAS QUE NO DEBES DE HACER AL LIGAR.

Focos rojos

Discúlpame que lo repita, pero esto es crucial: estás completo y el amor sólo amplifica lo que ya eres. Nadie te amará como tú lo haces. Recuerda, eres tu principal proveedor de amor porque el amor inicia en uno mismo. Puedes mejorar y crecer a partir de la comunicación, los acuerdos y la comprensión, pero nunca debes intentar cambiar a tu pareja ni cambiar para ella. Eso es no aceptarla y de pasada no aceptarte a ti. Una relación de pareja debe ensalzar y engrandecer tu existencia, no llegar a salvarte ni cubrir tu cuota de felicidad. No olvides que tú ya eras feliz antes de estar enamorado.

Hace muchos años, mi papá me dijo: "El matrimonio puede ser el mejor paraíso o el peor de los infiernos". ¡Piénsalo! Cuando estés en una relación, observa cómo se comporta con sus amigos, con su familia. Analiza sus hábitos y costumbres, tanto personales como de su entorno, y determina si alguno de estos aspectos negativos está presente en su relación:

En el amor hay que pensar; no todo es corazón, sino mitad y mitad.

1. No crees poder vivir sin esa relación

Te sientes atrapado y estás convencido de que no puedes vivir sin tu pareja, aunque ya descubriste que no eres feliz en esa relación. Esto sucede porque no tienes seguridad en ti mismo, crees que no eres capaz de sentirte feliz tú solo y, por ende, aceptas cualquier migaja, así sea estar con alguien que te aporta caos, sufrimiento y cosas negativas. Crees que tu pareja es el centro del universo, o tu pareja cree eso de ti, pero ninguna de las dos cosas es cierta.

2. Tienes pavor de perder a tu pareja (o esa persona a ti)

Quieres controlar todo lo relacionado con tu pareja, o esa persona quiere controlar todo sobre ti. Empiezan las inseguridades y los celos por cualquier situación.

3. No aceptas a tu pareja tal y como es (o esa persona a ti)

Pretendes cambiar y adecuar a tu pareja, o ella a ti. Empiezan los reclamos, el común "así no eras antes". ¿Recuerdas la importancia de ser honesto desde el principio? De nada sirve enamorarnos de alguien que no existe o hacer que alguien más se enamore de una versión irreal de nosotros, pero tampoco se trata de aparentar que sí aceptas a una persona y querer transformarla después para que embone en tu ideal de pareja.

4. Ya no hay comunicación

Parecen dos compañeros de cuarto en la universidad, cada uno remando para su lado, cada uno viendo por sus propios intereses.

5. Se burla de ti en público

¡Ojo! Burlarse de ti ya es grave de por sí, es una clase de violencia, pero hacerlo de manera pública, ya sea frente a familiares, amigos o extraños, es una clara señal de que disminuyó su respeto por ti o desapareció por completo. Nunca aceptes que tu pareja te falte al respeto, y mucho menos en público.

6. Te conformas

Estás con tu pareja porque le temes a la soledad. No te compres ideas como: "Más vale malo conocido que bueno por conocer". Solamente rebajan tu autoestima e intentan convencerte de que el amor es algo que vives a medias, tibiamente, porque cualquier cosa es mejor que nada. No es cierto.

66

7. Hay más problemas que alegrías

Son más las discusiones que los acuerdos. Hay más sufrimiento que gozo. Todo se siente forzado. Todo se complica. Ya no recuerdas cómo la relación fluía placenteramente en otro momento.

8. No te ves en el futuro con tu pareja

Justo en medio de una relación, cuando empiezan a surgir ciertas dudas, necesitas hacerte estas preguntas: ¿Me veo en el futuro con esa persona? ¿Me veo formando una familia con esa persona? Sé valiente para decirte la verdad y actuar acorde en caso de que las respuestas sean negativas.

9. Tienen una escala de valores diferente

No quiero entrar en detalles sobre qué valor es más o menos importante; eso es muy subjetivo. Sin embargo, el hecho de que tu escala de valores o de principios sea muy distinta a la de tu pareja puede ser señal de problemas. Recuerda que no buscamos personas idénticas a nosotros en todo, ya sea en la forma de pensar o en los valores, pero sí tiene que haber cierta similitud para evitar discordancias en el futuro. Por ejemplo, si para ti la fidelidad es el valor más importante en una relación y para tu pareja se encuentra al final de la lista —o viceversa—, ¡aguas! Si para ti es muy importante tener cerca a la familia y para tu pareja es suficiente verla una vez al año —o viceversa—, ¡piénsalo! A la larga sólo provocará conflictos.

10. No se trata de ser superhéroes

El amor no tiene nada que ver con que te sientas superhéroe y vayas por el mundo rescatando a tu pareja de la terrible vida que lleva. Tu pareja no te tiene que "salvar" ni tú a ella; eso no es amor. Cada uno es responsable de su felicidad. No se puede salvar la vida de nadie con una relación.

11. Hay algún tipo de violencia

Pareciera que está de más decir esto, pero mucha gente está dispuesta a soportar entornos o actos violentos "en nombre del amor". En una relación de pareja no debe haber ningún tipo de violencia, ya sea física, emocional o psicológica. Nada lo vale. ¡Ojo con las faltas de respeto! Huye de la violencia, ahí no te espera nada bueno.

En una relación de pareja no debe haber ningún tipo de violencia, ya sea física, emocional o psicológica.

12. Los famosos celos

Los subestimados y sobreestimados celos son una expresión de inseguridad, no hay vuelta de hoja. Los celos nunca van a demostrar amor porque el amor representa confianza, honestidad, libertad. Hace tiempo, una amiga me decía que le gustaba cuando su novio la celaba porque era una forma de demostrarle cariño (¿que, qué!). Siempre la escuchaba decir: "Es una forma de protegerme", "Nunca nadie se preocupaba por mí y ahora él me sigue a todos lados". Sólo que esa "protección" fue escalando: la esperaba afuera de casa de sus amigas o de sus abuelos, y cuando no estaban juntos la seguía a todos lados; le negaba permisos; le recriminaba que prefiriera ir al cine con sus amigas en lugar de estar con él. Era cada vez más posesivo, más invasivo y controlador. Pero como todo se había dado progresivamente, mi amiga nunca se dio cuenta, a pesar de que todos a su alrededor le decíamos que ese tipo de relación no era sana.

Los celos nunca van a demostrar amor.

Al principio, en la etapa del enamoramiento, parece un buen detalle que tu pareja te pida que hagan algo solos en lugar de ver a tus amigos. Los dos están emocionados, les encanta estar juntos y es fácil confundir esa emoción con señales de desconfianza y control, pero los ejemplos sobran:

69

"No deberías fumar. Escoge, el cigarro o yo", "No deberías ir todos los martes a cenar con tus amigas", "No me caen bien tus amigos de la prepa", "¿Dónde andas?", "Avísame cuando llegues", "Mándame un mensaje antes de dormir", "¿A quién le estás escribiendo?", "Si andas conmigo, no necesitas amigos", "O tus amigos o yo", "Mándame tu ubicación a cada rato", etcétera.

Los celos demuestran miedo de perder a la pareja, incluso falta de autoestima. Pero el amor propio no se suple con control. Tú no tienes ningún derecho sobre tu pareja. Tu pareja no es tu posesión. Necesitas confiar en ti, saberte capaz de amar y ser amado, aceptarte y entonces, a partir de eso, empezar a buscar a alguien que te guste tal y como es, y que sienta atracción por ti tal y como eres. Nadie debe cambiar su esencia para ser aceptado. Una cosa es madurar, crecer y desarrollarse, y otra muy distinta es cambiar para agradar a alguien, sobre todo si el cambio va en contra de tus principios.

Tú llegas a ser parte de la vida de tu pareja; obviamente, eres una parte muy importante, pero no la única. Si eres celoso, trabaja en tu confianza y autoestima, son los mejores antídotos contra los celos. Si dudas, pregúntale a tu pareja qué le molesta y trabaja en ello. Si a ti te celan, no te calles. Siempre es mejor resolver las pequeñas molestias, que callar y dejar que se acumulen; más adelante explota todo y ya es imposible arreglarlo. Cree en ti y cree en tu pareja. El amor es genial, no lo manches ni maltrates con celos. Amen con confianza y sean felices.

Ninguna relación merece ni debe soportar cualquiera de estos focos rojos. ¡Aguas! Si experimentas algunas de estas señales, atiéndelas, trabaja en ellas, compártelas, medítalas e intenta superarlas de manera prudente. Pero si decides que no se puede mejorar y que implica el final de tu relación, **ESTÁ BIEN**. El amor es una decisión personal que tomamos a diario; no es un compromiso, un papel o un anillo. Esta decisión debe partir primero que nada de tu aceptación, de tu seguridad. Estar enamorado es la mejor condición del ser humano, sin embargo, a veces confundimos el amor con la rutina, con la conveniencia, y olvidamos quiénes éramos antes de que ese supuesto amor llegara. Muchas veces, terminar es lo mejor que les puede pasar a ambos, sobre todo en una relación llena de focos rojos insalvables. La vida pasa rápido, no te quedes atorado en una situación así.

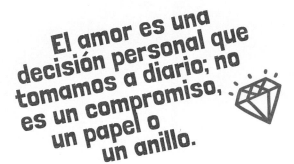

El amor es una decisión personal que tomamos a diario; no es un compromiso, un papel o un anillo.

Historia sin tanto amor 1

Cecilia llevaba un año de noviazgo con Raúl. De pronto, él le pidió que se pintara el cabello de rubio porque el castaño nunca le había gustado. Con tal de complacerlo, ella no preguntó más y a la semana siguiente ya tenía el cabello amarillo. Sin embargo, Raúl no pareció emocionarse mucho con el cambio; de hecho, ni siquiera lo notó la primera vez que se vieron. Esa noche discutieron por algo que ya era un problema recurrente: "Raúl, es que los domingos también me tienes que ver a mí. Me da mucho coraje que te vayas al rancho con tu familia y ningún domingo nos veamos. Todas mis amigas ven a sus novios los domingos, van al cine, a la plaza, a la iglesia, a un restaurante, y yo, como si estuviera soltera, me tengo que quedar encerrada porque tú no estás. Deberías pasar un domingo conmigo y uno con tus papás". La respuesta de él siempre era la misma: "Es una tradición familiar, no la voy a romper. Hacemos lo que quieras los sábados". "¿Por qué no escuchas? Lo que me duele es que me dejes sola y encerrada los domingos. Pero no escuchas. Pones a tu familia primero. Un día te voy a sacar un susto y no me vas a encontrar". Ese día Raúl se levantó y se fue. Ni siquiera se despidieron. Más tarde, Cecilia le mandó un mensaje que decía: *Nunca te lo había dicho, y me sorprende cómo pasa el tiempo. No puedo creer que ya llevemos un año de novios. Pero la verdad siento que sólo yo hago sacrificios en esta relación. Ejemplo: desde que empezamos a andar dejé de ir con mis amigas los jueves en la noche porque ese día te gustaba que nos viéramos. También me dejé de juntar con Sofía porque ella me decía muchas cosas malas de ti. Resumen: he sacrificado amistades por nuestro amor, ¿y tú qué? ¿Tú qué has sacrificado por mí?* Raúl leyó el mensaje y no lo podía creer. No estaba enterado de nada de lo que decía. Pero en lugar de molestarse, le dio risa. Dejó el teléfono sin contestarle nada y se fue a dormir.

A la mañana siguiente, los dos tenían una hora libre en la universidad. Cuando Cecilia entró a la cafetería, Raúl ya estaba con el grupo de amigos que compartían. Cecilia los saludó a todos, acercó una silla y se unió a la conversación. No pasaron treinta segundos cuando Raúl dijo en voz alta: "Qué bueno que llegaste, vieja. Me urge que me traigas un café", y todos se rieron. Los hombres chocaban sus palmas en lo alto con Raúl. "Esos son hombres de los de antes", dijeron. "Mis respetos, está claro quién manda en esta relación", bromeaban. Un poco sorprendida por la reacción de todos, Cecilia se levantó de inmediato y le preguntó: "¿Te traigo también unos chilaquiles?", y se fue a la caja para ordenar.

Minutos después, Cecilia regresó con todo. Mientras comía, Raúl les dijo: "Ustedes creen que es un corderito porque me atiende, pero deberían ver cómo se pone en las noches. Se convierte en un lobo". Ninguna mujer en la mesa sonrió y algunos amigos sólo rieron de manera nerviosa. Cecilia le apretó el brazo a Raúl, pero a él no le importó y siguió. "Si no la llevo a donde quiere, por ejemplo, al motel, se pone toda histérica. Me hace la ley del hielo. Entonces, pues la tengo que llevar al motel para que me vuelva a hablar. Así es mi vieja de loca". Algunos rieron, aunque un poco desconcertados. Después unas amigas intentaron cambiar el tema, pero Raúl las interrumpió. "Y luego, si vieran los dramas que me hace porque no la veo los domingos. Hasta me quiere poner un ultimátum. Si ahorita me trajo lo que le pedí, sólo es por aparentar". Ya nadie rio. Había un silencio incómodo. Pero Cecilia seguía junto a Raúl, tomada de su mano.

Llevaba varios meses pensando si le convenía terminar con él. Intentaba ponderar qué tan buena o mala persona era Raúl, o si ella era la culpable. A veces sentía que el año que llevaban juntos pesaba como si fueran cinco. Unos días sentía que lo conocía desde hacía mucho, y otros que no lo conocía en absoluto. No sabía si estaba exigiéndole mucho, si era lo normal en una relación. Se acordaba de otro novio que había tenido y con quien también había estado presente esa misma inseguridad. Pensaba que eso era el amor.

Aun así, no lograba sacarse de la cabeza algo que le había dicho su amiga Sofía: "Discúlpame, Cecilia, a lo mejor me meto donde no debo, pero es que ya no aguanto, y este vato me tiene harta. Raúl te tiene toda atontada, por decirlo en palabras bonitas. No te das cuenta de que te pasas quejándote de él, desde cómo te trata, que te ve muy pocos días, hasta que te choca cómo se viste. Pero nunca te quejas, o por lo menos no conmigo, de todas las veces que se burla de ti en público, sobre todo con temas sexuales, y enfrente de todo el grupo. Y ahí te quedas, sin decirle nada. ¡No jodas, Cecilia, a veces hasta te ríes! Con mucho menos de eso yo lo mandaba a volar. No sé cómo le aguantas que se burle de ti en público. Imagínate lo que ha de contar cuando está solo. No sé qué le ves, hasta parece que te conformas con él. Mira lo guapa que estás. De seguro en un ratito consigues a cualquier otro que de verdad te quiera". Cecilia veía a Sofía hablándole como si fuera una película repitiéndose en su mente, hasta que un día sacudió la cabeza y dijo: "Tiene razón".

Consideró entonces que lo único necesario era dar por terminada la relación. Quizá también era lo que necesitaba Raúl. Tenían que parar, aprender y ver hacia un futuro mejor, con nuevas posibilidades. Si no, iban a seguir en el mismo círculo vicioso lleno de inseguridades, reclamos, miedos, burlas y conformismo, totalmente vacío de amor.

Historia sin tanto amor 2

Armando y Marcela se conocieron en la universidad. Él era muy alegre, activo, sociable, tenía amigos por todos lados, participaba en muchas actividades académicas y estaba en el equipo de basquetbol. Marcela era casi lo opuesto, tenía unas cuantas amigas, batallaba para mirar a los ojos a la gente en una conversación, pasaba sus horas libres estudiando en la biblioteca y no hacía ninguna clase de deporte.

Por azares del destino, que es como nos gusta decir cuando no le encontramos explicación a algo, se conocieron y a las pocas semanas decidieron empezar un noviazgo. "¡Qué loco! ¡Quién lo iba a pensar! ¿Qué le habrá visto Armando?", decían todos sus amigos. En una carne asada, Armando les dijo: "Está bien, es una chava muy seria, entonces nivela todo mi acelere". Desde ese día, sus amigos ya no dijeron nada.

Así pasaron los meses, y Armando empezó a cambiar poco a poco. Ya no iba a la cafetería en sus horas libres, sino que se iba a la biblioteca con Marcela. Ya no se juntaba los jueves en la noche con sus amigos, aunque él había establecido esa reunión. Ya no platicaba ni saludaba a nadie en los pasillos de la universidad. Sus amigos se preocuparon, pero Armando sólo decía: "Todo está bien, es que ando metido en la escuela". Las amigas de Marcela también notaron varios cambios en ella. Se dejó de pintar la boca porque a Armando no le gustaba. Él decía que el maquillaje sólo era para llamar la atención de los hombres y ella ya tenía pareja. "Es más, ni te tienes que arreglar tanto. Ya me tienes a mí, ¿para qué quieres que te volteen a ver?", decía.

Armando pasaba todas las tardes en el departamento donde vivía Marcela con varias amigas. Incluso iba a los entrenamientos de basquetbol y regresaba. Ahí hacía su tarea, estudiaba, cenaba y se retiraba. Pasaron muy rápido de ser vistos como "Mira qué lindos, siempre están juntos", a "Qué bárbaros, son tan celosos que no se separan".

Marcela obedecía las extrañas órdenes de su novio, siempre insistiendo en que no se juntara con hombres ni hiciera equipo con ellos en las clases, así que ella también empezó a pedir cosas por el estilo: "No te quiero ver con ninguna mujer. No me importa si es tu prima o tu amiga de la infancia", "Tenemos que vernos todos los días", "No te vayas de vacaciones, quédate aquí conmigo", "Yo te acompaño a todos lados, ¿o te molesta que vaya contigo?".

Después de un par de años, estaba claro que eran una pareja extraña. Se habían alejado de todos sus amigos. Siempre los veían juntos, pero serios. Armando ya había perdido toda la chispa y la alegría que lo caracterizaban, y un día se hartó. Sin ningún motivo en particular, simplemente llegó al departamento de Marcela y le dijo: "Ya no quiero andar contigo, se acabó". Marcela, estoica, apretó la boca y contestó: "No me puedes dejar porque si lo haces, me mato". Se hizo un silencio que duró varios minutos. Armando estaba sorprendido por la amenaza y, conociendo a Marcela, sabía que no era broma, pero no dijo nada y se fue de todas maneras.

A la mañana siguiente no vio a Marcela en la universidad. Armando se acercó a sus amigos y notó que lo recibían extrañados. Momentos después le habló por teléfono una de las amigas de Marcela: "Vente al hospital. Intentó cortarse las venas anoche". Cuando Armando entró al cuarto de hospital, Marcela sonrió al verlo. Tenía las dos muñecas vendadas. Lo único que le dijo fue: "¿Ves que no te puedes ir?".

¡Aguas!

MANOS A LA OBRA

La actividad de este capítulo será constante. Es una invitación y petición a mantener tu autoestima elevada y estar atento a los focos rojos de tu relación. Repasa cada punto mencionado en este capítulo y atiende lo que sea necesario.

FOCOS ROJOS

- UNA RELACIÓN DE PAREJA ES UNA DECISIÓN PERSONAL.
- UNA PAREJA NUNCA DEBE INTENTAR CAMBIARTE.
- UNA PAREJA DEBE ENSALZAR Y ENGRANDECER TU EXISTENCIA.
- HAY QUE PONERLE CABEZA AL AMOR.

- OBSERVA LOS HÁBITOS Y COSTUMBRES DE TU PAREJA Y SU FAMILIA.
- MUCHAS VECES, TERMINAR ES LO MEJOR.
- LOS CELOS SON UNA EXPRESIÓN DE INSEGURIDAD.
- NO CONFUNDAS LA ETAPA DEL ENAMORAMIENTO CON SEÑALES DE CONTROL.
- TU PAREJA NO ES TU POSESIÓN.
- LA CONFIANZA Y LA AUTOESTIMA SON LOS ANTÍDOTOS DE LOS CELOS.
- CREE EN TI Y EN TU PAREJA.

6

Cómo superar a tu

Prefiero verte sufrir mucho hoy,
mejor que un poco toda la vida.
—Anna Gavalda, *La amaba*.

Éste es el proceso que enfrentamos al terminar una relación:

OK, se acabó. Fue él, fue ella, fuiste tú... quien haya sido. Se acabó y duele un carajo. Como patada de caballo en el pecho. Duele duro aquí, en el corazón, en el estómago. Es un vacío extraño que aturde, que impide que razonemos, que nos limita y paraliza. Lo único que se siente es dolor. Hacer cualquier cosa es muy difícil. No imaginas una vida sin esa persona. Ya no recuerdas tu vida antes de la relación. No tienes hambre. Es imposible dormir. Crees que todo es un mal sueño y esperas despertar pronto en el pasado, antes de que todo terminara. No crees lo que estás viviendo.

Bienvenido a la **NEGACIÓN.** Estás devastado porque perdiste al amor de tu vida o a la persona que en algún momento consideraste el amor de tu vida. Ahora, ¡identifica el dolor! Suena extraño, pero en realidad hay un motivo en particular que causa ese dolor. Una vez que ubicas cuál es, se vuelve más sencillo enfrentarlo y superarlo. Ve sanando poco a poco, una herida a la vez, y siempre con una buena actitud, partiendo de la premisa de que, por más que duela, es temporal. Por fuerte que sea la tormenta, un día terminará. Recuerda que más adelante habrá otra oportunidad. Si enfrentas este proceso con esa actitud, te será más fácil recuperarte. Si, por el contrario, te vas por el lado pesimista, el de "perdí al único amor de mi vida, nunca podré estar bien de nuevo" y cosas por el estilo, quedarás atrapado en un círculo vicioso lleno de pena, del que es mucho más difícil salir. En pocas palabras: la actitud con que enfrentas tu sufrimiento es clave. No te estoy diciendo que no va a doler, pero sí que, hasta cierto punto, tú puedes determinar qué tanto dejas que te duela, la forma como ese dolor te afecta. Es la diferencia entre decir "Ya valió toda mi vida" o "Estoy superfregado ahorita, pero me voy a recuperar". ¿Cuál eliges?

De pronto, casi sin darte cuenta, pasas a la etapa del **DUELO.** Aquí no puedes pensar en el futuro en términos generales. Ya no se diga pensar en otra pareja. El dolor sigue igual, incluso quizá un poco peor. Te enojas. Te reclamas. Piensas y piensas y piensas, y todo duele más. Estás en un laberinto de espejos sin salida. Ve, anda, cómprate un litro de tu helado favorito, acábatelo a cucharadas, quédate frente a la televisión y piérdete en Netflix. Dale. Es normal que duela. Está bien recibir el dolor, acogerlo. Es inevitable, es parte del proceso. Llora y llora todo lo que necesites. Cuando termines, llora más. Si quieres, agrégale pizza y chocolates al helado; quizá hasta uno o dos tequilas. Está bien pasar por un momento de indulgencia por el dolor que sientes. Pon las canciones románticas o de despecho que más te gusten, y una que otra balada de Los Claxons. Pasa días enteros en pijama si quieres. Para ti, llueve y llueve, y los días están nublados y grises. Sólo reconoces la tristeza, el coraje, esa rabia ardiente, el llanto, la frustración, la decepción, una buena dosis de depresión, la autoflagelación, ante todo la culpa, más llanto, ardor, ansiedad, arrepentimiento y más y más... Parece que te está succionando un pozo profundo y oscuro. Aun así, por duro que sea, necesitas vivir este proceso. Pero recuerda que es sólo una etapa para enfrentar el dolor al final de una relación. No te vas a quedar ahí.

Más adelante debes pasar a la **ACEPTACIÓN.** Uno de los problemas que enfrentamos cuando tenemos "el corazón roto" es la dificultad de "*desenamorarnos*". ¿Cuál es la definición de desamor? Es como estar muriendo lentamente... Es un dolor —al parecer eterno— en cada hueso, cada poro y cada célula. También provoca incapacidad de razonar. (Y muchos síntomas más). Estamos abrumados, y lo único que tenemos claro es que duele. Se nos complica comprender tanto sufrimiento, así que lo más fácil es aceptarlo. Es la excusa perfecta para permitir que continúen el caos y la tristeza. Aceptas que es normal estar así. Además, no pinta para cuándo vaya a mejorar. Pero la buena noticia es que, con pasos pequeños, con acciones pequeñas, esto irá cambiando poco a poco. La idea de que tal vez —sólo tal vez— es posible que puedas vivir sin esa persona en el futuro comienza a vislumbrarse en tu horizonte. Todavía es una idea lejana, pero por fin surge como una pequeñísima luz. Es entonces cuando necesitas empezar a aplicar estas tres reglas de oro:

1 No mires atrás, no hay nada que puedas cambiar.

2 No busques culpables.

3 Olvídate de stalkear.

En resumen, empieza a levantar la cara. Al seguir estas tres reglas, ya arrancaste tu proceso de **RECUPERACIÓN.** Puedes empezar normalizando tus hábitos alimenticios, arreglándote un poco más y volviendo al mundo real un día a la vez. Complementa tu proceso con estos diez consejos:

1 Haz ejercicio, de preferencia al aire libre.

2 Júntate con esos amigos que hace tiempo no ves.

3 Lee un buen libro que te distraiga (nada romántico).

4 Ve una película con un mensaje positivo.

5 Analiza todo lo bueno que tiene tu vida en este momento.

6 Procura que haya menos drama y más amor hacia ti mismo.

7 Aprende algo nuevo.

8 Baila y canta canciones de Los Claxons. *¡yeah!*

9 Si te quedaste con ganas de decirle algo a tu pareja, escríbelo. ¡No se lo mandes! Escribe todo lo que sea necesario y luego rómpelo. Es un proceso de desahogo básico, pero muy efectivo.

10 Relájate. No son la primera ni la última pareja que termina. No funcionó. Va, ok, ni modo. Duele, pero hay que seguir viviendo.

No olvides que siempre hay una ganancia. Por más difícil que sea la situación, habrá algo bueno, aunque sea una pizca de aprendizaje. Siempre habrá algo que te haga ser mejor. Aférrate a lo bueno. Ignora lo malo. Despréndete de la culpa. Libérate de los remordimientos. Es necesario vivir cada fase de este trayecto pero, aun cuando puedas reconocer lo mal que te sientes, nunca dejes de mirar hacia el camino de la recuperación, hacia la normalidad. Aunque hoy te duelan hasta las pestañas, vas a estar bien, pronto te sentirás mejor y en un futuro estarás listo para conocer a alguien más. Haz un autoanálisis y mejora. Piensa en las palabras de Emily Dickinson: "Un ciervo herido salta más alto". Así que, aprende, crece, renace y mira hacia adelante.

Por último, un punto importante: la única manera de sanar es vivir el proceso completo. No quieras brincar de la negación a la recuperación. Todas las etapas son necesarias, pero de ti depende qué tan rápido las vivas.

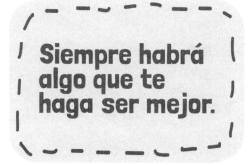

Siempre habrá algo que te haga ser mejor.

¿Historia de amor?

Querido diario:

No sé si me deba casar con Rodrigo. Antes de que me diera el anillo, ya tenía dudas sobre nuestra relación. En algún lugar leí que, si dudas de que sea el amor de tu vida, entonces no hay duda. Reconozco que llevo mucho tiempo dudando de él, de mí, de lo que siento... Pero cuando estaba por animarme a hablarlo con él, me sorprendió con la entrega del anillo. Me dijo que ya tenía apartada la iglesia y el salón. Ya había planeado hasta la luna de miel. Realmente me sorprendió. O sea, no me refiero a todo lo que organizó para dármelo, a que invitara a mis papás y a los suyos, que contratara un fotógrafo y hasta música en vivo. Sino tal cual, a la sorpresa de casarnos. Nunca habíamos hablado del tema. Llevamos tres años de novios y terminamos la universidad hace más de cinco. Sí era un tema al que yo le sacaba la vuelta, y pensé que él también. Pero de pronto ya tiene todo arreglado y no tomó en cuenta mi opinión ni para la luna de miel. No sé de dónde sacó que me gustaría ir a una carrera de Fórmula 1 en Monte Carlo. Yo quería ir a París, pero pues no me preguntó. Y ahora, ya con fecha y todo, me siento aturdida.

Mis amigas dicen que es normal, que es la emoción, el nervio por el cambio de vida, pero la verdad es que no sé si así se sienta estar emocionada y enamorada. Otras amigas me dicen que en el amor no se sienten mariposas en el estómago, que eso es sólo de películas cursis. Dicen que si nos llevamos bien es más que suficiente, que no meta más presión con lo de la fidelidad, que luego con el tiempo todo se relaja. Pero la verdad es que todos esos comentarios no me ayudan en nada. Al contrario, me confunden más.

Siento que ya no convivimos igual desde que nos comprometimos. Ya no platicamos más que de la boda, de la luna de miel o de la casa, y a mí me gustaría hablar menos de eso y más de nosotros. Quiero platicar de cualquier cosa, como lo hacíamos cuando nos conocimos, que se nos iban las horas rapidísimo contándonos historias y sueños de lo que queríamos hacer en la vida. Ahora parece que lo más importante en el mundo es qué vamos a cenar en la fiesta y la canción que vamos a bailar.

Y me da cosa. No sé. Digamos que me da entre nervio, ansia y miedo. Quizá hasta lástima. Claramente él está más emocionado que yo. Aunque de pronto sí me molesta su emoción cuando habla de los palos de golf que va a estrenar en el hotel o del carro que quiere rentar cuando estemos en Europa, porque casi no habla de la emoción de estar conmigo todo el tiempo, o de estar solos por fin. Para ser honesta, a mí tampoco me emocionan las cosas que supuestamente le deben alegrar a alguien enamorado. Ahora que lo escribo me cae el veinte de que no viene al caso reclamarle algo que ni yo hago. ¿Cuál emoción?

Ayer fui a hablar con un psicólogo y hoy con un sacerdote, y los dos coinciden en que el matrimonio es un gran paso que me puede llevar a lugares llenos de felicidad, pero también a lugares llenos de sufrimiento si se toman malas decisiones. A los dos les pregunté cómo saber realmente si nos queremos lo suficiente para pasar el resto de nuestra vida juntos. Ambos dijeron que la respuesta está en mí, y que un buen análisis empieza con estar segura de que él me respeta y viceversa. Cuando me lo pregunté, me di cuenta de que siempre nos hemos respetado. Pero lo que me preocupa es que nunca he sentido esa chispa. O sea, me la paso bien con él pero, ¿esto es el amor?

No sé si deba hablar con él. Para acabarla de fregar, es probable que él se sienta igual que yo y ambos nos estemos dejando llevar por la corriente, creyendo que casarnos es el paso lógico. Hay días que me levanto llena de valor para sacar el tema, pero luego se me quita al verlo todo emocionado con la boda. Pero a la vez no dejo de escuchar esa voz en mi cabeza diciéndome: "Capaz que echas a perder tu vida". Entonces sí me preocupo. No estoy dispuesta a sacrificar mi vida por su felicidad. Yo creo que en el amor nadie se tiene que sacrificar por nada. Pero no me atrevo a hablarlo. No quiero ni pensar cómo se va a poner si le digo que tengo dudas.

También hay días en que amanezco completamente decidida a terminar con él y cancelar todo, pero sería un golpe muy bajo cancelar la boda unos meses antes. Sería la burla de todos sus amigos. Perdería mucho dinero. Su familia se pondría histérica. A lo mejor mis papás se pondrían felices. La verdad es que mi papá no está muy emocionado con la idea. Lo que más me aterra de esta posibilidad es que, si cancelo todo y le regreso el anillo, me va a preguntar por qué y no creo tener un motivo válido. O mejor dicho, no sé qué tan válido sea que no lo amo tanto. Bueno, que no nos amamos tanto.

Querido diario:
Aquí estoy de nuevo. Ya sólo faltan tres días para la boda. Todo es un caos. Llevamos semanas lidiando con los organizadores, los proveedores, con la agencia de viajes. No tenemos tiempo para nosotros. En las últimas semanas ni siquiera me ha tocado ni besado.

93

Estoy segura de que no me quiero casar, pero no sé cómo decírselo. Le voy a destrozar la vida. Por supuesto, me va a reclamar que me esperara hasta ahora. Y me duele mucho lastimarlo, pero también me duele mucho este vacío que siento. Ahora sé que hubiera sido más fácil hablar con él hace unos meses, justo después de que me diera el anillo.

No sé qué hacer.

Querido diario:

Ya pasó un mes de la fecha de la boda. Hoy deberíamos estar en Monte Carlo, en la mentada carrera. Y pues, estoy aquí, en casa de mis papás. Finalmente, tuve el valor de decirle a Rodrigo que no me quería casar con él, que no sabía qué lo había provocado, pero estaba segura de que no lo amaba lo suficiente. Lo malo es que se lo dije en el auto el día de la boda, estacionados frente a una iglesia llena de gente. No le di oportunidad de contestar. Sólo dije las palabras que había practicado durante semanas, abrí la puerta y me fui corriendo como loca.

He subido cuatro kilos de puro helado y chocolate. Estoy triste. Algunas amigas dijeron que era una estúpida y otras me han apoyado. Por la forma como me miran mis papás, creo que hice bien. Y aunque estoy triste, me siento mejor que antes. Siento que me quité un peso de encima. Aún no tengo ganas de salir con mis amigas ni de volver al gimnasio, pero sí he pasado buenos momentos con mi familia. No quiero pensar en tener otra relación porque en ésta ni siquiera supe qué fue lo que hice mal, o si él hizo algo mal.

Ahora que lo escribo, se lee muy fácil, pero cancelar una boda así, unos segundos antes, fue algo muy estresante. Todavía tengo pesadillas con la cara de Rodrigo cuando le estaba diciendo que no me quería casar. Estoy agotada todo el tiempo, no tengo energía, pero en el fondo estoy segura de que hice lo correcto.

Estaré bien con el tiempo. Lo sé. Y quiero anotar aquí, para cuando conozca a otro hombre, que necesito tener una mejor comunicación con él. También dedicarle más tiempo a conocernos. Pero bueno, eso ya será más adelante. Ahora quiero estar sola.

Supe que Rodrigo invitó a su mejor amigo a Monte Carlo. Me sentí un poco mejor por él. Estoy segura de que se la pasó muy bien en el viaje que había organizado, y qué bueno que al menos eso no se desperdició.

MANOS A LA OBRA

La siguiente actividad es un anexo de los diez consejos que compartí en este capítulo para impulsar tu recuperación. Te puede servir como guía general y repaso. Cuando termines una relación:

1 Agradece lo vivido, aprende y deja ir.

2 No alargues tu duelo más de lo necesario.

3 Dedícate tiempo.

4 Llena tu agenda. Incluye actividades nuevas que no te habías atrevido a hacer y otras que te gustaban y dejaste en algún momento.

5 Ve a tus amigos y familiares, a la gente que te hace sentir bien.

6 Sigue adelante cuando estés listo. No te presiones, pero tampoco te quedes alimentando esperanzas de algo que ya no será.

Toma el tiempo que necesites para sanar. ¡Sé paciente!

CÓMO SUPERAR A TU EX

- LA ÚNICA MANERA DE SANAR ES VIVIR EL PROCESO COMPLETO.
- SIEMPRE HAY ALGO BUENO QUE PUEDES APRENDER.
- LIBÉRATE DE CULPAS.
- APRENDE, CRECE, RENACE Y MIRA HACIA ADELANTE. TE ESPERA TU VIDA.

Urge hablar de amr

¿No te ha pasado que de pronto sientes todo muy violento? Todo pasa rápido. Todos están sensibles o se vuelven agresivos ante cualquier estímulo. Por supuesto, también somos así en ocasiones. Todos formamos parte del problema. Esta sensación de libertad, rapidez y poder que surge de la tecnología y las redes sociales ha provocado que confiemos excesivamente en que muchas cosas no tienen repercusión ni importancia.

A veces me siento dentro de un torbellino de información, de prisa, de caos, de mala vibra. A veces yo lo provoco. Yo también respondo con agresión o impongo un tono violento porque es muy fácil caer en esa tentación y dejarse llevar. Y luego, cuando nos equivocamos, si bien nos va, salimos con la típica excusa de "Ey, era broma, no seas sentido". Pero la realidad es que se nos ha olvidado el respeto. Se nos ha olvidado el amor.

Son tiempos difíciles. Ya quedó atrás la época de ceder el paso en el tráfico o dar tu lugar a un anciano, de ayudar a un extraño y a veces hasta a un conocido. Pareciera que

Pero la realidad es que se nos ha olvidado el respeto. Se nos ha olvidado el amor.

la amabilidad y las buenas costumbres se han ido. ¿Dar los buenos días al hablar por teléfono? ¡Qué locura! Eso es del pasado. Incluso hablar por teléfono parece ya obsoleto. Quizá pronto hablar sea raro si hacerlo mirando a los ojos está en peligro de extinción.

Donde se admire a los mayores y a los jóvenes se les inculque la cultura del esfuerzo y la honestidad.

Es obvio que a nivel humanidad se nos ha olvidado el amor. El problema es que en ocasiones nos parece una situación ajena, cuando en realidad formamos parte ella, somos los causantes de esa carencia en nuestro microcosmos y de ahí todo repercute.

Últimamente me he imaginado cómo sería un mundo perfecto, un mundo donde reinara el amor. Lo imagino con menos contaminación y muchas menos noticias negativas. Un mundo donde haya respeto para el desconocido y un buen trato para el amigo. Sin envidias, rencores ni juicios. Sin violencia. Donde nadie hable mal de los demás y las familias vivan en un ambiente de amor y consideración. Sin corrupción. Sin caos. Sin prisas. Donde los amigos velen por los demás y los extraños se sonrían. Un mundo sin armas. Donde se admire a los mayores y a los jóvenes se les inculque la cultura del esfuerzo y la honestidad. Donde todos amen y nadie odie. ¿Y sabes qué? Acabo pensando y sintiendo que **MI** mundo sí puede ser así, y eso sólo depende de mí. Creo firmemente que yo necesito cambiar primero. A partir de eso cambiará **MI** mundo, y luego quizá, si tengo suerte, el de alguien más. Te invito entonces a que cambies el **TUYO**.

Como dice la canción de Alejandro Filio: "Y es que no importa que digan que está trillado hablar de amor". ¡No es cierto! Lo que está trillado, y al parecer no nos conmueve, es hablar sólo de cosas malas: "¿Supiste del derrumbe?", "Hubo un asesinato", "Agarraron a tal político", "Murió una familia en un accidente"... Nosotros prolongamos esa espiral de malas noticias. Es fácil tener miedo, dejarse llevar por la corriente de las preocupaciones cotidianas (deudas, trabajo, salud, familia, amigos), pero no nos lleva por ningún rumbo bueno. Necesitamos salir de ahí. Necesitamos cambiar **NUESTRO** mundo, y es que no vemos que toda esa negatividad nos deja con una pésima actitud, en una mala frecuencia. ¡Aléjate! Paremos este tren. Dejemos el drama. Bajemos la velocidad con que vivimos. Menos crítica y más amor.

Urgen más mundos perfectos. Crea el tuyo y en algún momento se entrelazará con el de alguien más. Es la única forma de expandir y repartir el amor. Sé un ejemplo. En esto del amor no existen las cosas pequeñas. Todo cuenta: un gesto, una sonrisa, un hábito nuevo, un guiño. No dejemos de creer que podemos cambiar algo, que podemos cambiarlo todo. No nos demos por vencidos. Nunca es tarde para mejorar, para perdonar. Comprueba el poder del amor, rétalo, ponlo en práctica. En verdad, nunca es tarde.

Urge que empecemos a actuar de acuerdo con nuestro mundo perfecto. No hay tiempo que perder, no hay excusas. No creo que los años maravillosos sean sólo del pasado. Creo que éste debe ser nuestro tiempo maravilloso. ¡Este mismo instante! Te invito a que empieces a cambiar, a que brilles, a que te señalen por optimista, por romántico, ¡por feliz! Vive más lento. Piensa más en los demás. Mejora tu actitud. Sonríe. Mide tus actos y tus palabras. Intenta sólo decir cosas positivas, cosas que aporten; lo negativo ya sobra por todos lados. Sé un agente de cambio. Ven a este mundo, donde creemos en el amor, donde confiamos en nuestra capacidad de transformación para vivir más tranquilos, con más calidad y, sobre todo, felices.

Creo que éste debe ser nuestro tiempo maravilloso.

MANOS A LA OBRA

Sé lo que quieres encontrar en el mundo. Haz una lista de las cualidades que quieres encontrar y analiza cuáles ya posees y cuáles te faltan. Trabaja en ellas y ábrete a conocer el alma de la gente.

Quién quiero ser y qué quiero encontrar

1. _____
_____

2. _____
_____

3. _____
_____

4. _____
_____

5. _____
_____

URGE HABLAR DE AMOR

- NO OLVIDES EL RESPETO.
- LA HUMANIDAD HA OLVIDADO EL AMOR Y TÚ ERES PARTE DE ESO.
- IMAGINA TU MUNDO PERFECTO Y CRÉALO.
- BAJEMOS LA VELOCIDAD CON QUE VIVIMOS.
- COMPRUEBA EL PODER DEL AMOR.
- EMPIEZA A BRILLAR, QUE TE TACHEN DE OPTIMISTA.
- VIVE MÁS FELIZ.

¡hasta pronto!

Amiga, amigo, espero que hayas disfrutado esta lectura. Sería muy afortunado si te quedaras con alguna idea, pensamiento o aprendizaje de todo esto. Espero que así sea porque traerá cosas positivas para ti y para todos.

Definitivamente, no hay hilos negros en esto del amor, no hay grandes descubrimientos. Sólo te comparto mi forma de pensar al respecto. Sin importar nuestras diferencias, aunque pudieran ser muchas, quédate con la esencia contenida en estas páginas. El amor siempre nos unirá a pesar de todo, porque el amor es poderoso, porque el amor respeta, porque el amor hermana. Yo estaré siempre agradecido por todo el apoyo que me das.

Te invito a seguir repartiendo amor. Te reto a seguir repartiendo abrazos y sonrisas pero, sobre todo, a predicar con el ejemplo. Es lo mejor que podemos hacer. Respeta a tus seres queridos, a tu familia, a los desconocidos, a tu pareja y en especial a ti mismo. En ti se encuentra la fuente de tu felicidad.

Creo fervientemente que un ser humano es mejor cuando está enamorado, así que eso deseo para ti: que te enamores, y bien; pues con amor lo tienes todo.

TUS IDEAS

TUS IDEAS

TUS IDEAS

_____
_____
_____
_____
_____
_____
_____
_____
_____
_____
_____
_____
_____
_____
_____
_____
_____
_____
_____
_____

TUS IDEAS

TUS IDEAS

TUS IDEAS

TUS IDEAS

TUS IDEAS

TUS IDEAS

TUS IDEAS

TUS IDEAS

TUS IDEAS

Si te vas enamorar, enamórate bien de Nacho Llantada
se terminó de imprimir en el mes de enero de 2020
en los talleres de
Diversidad Gráfica S.A. de C.V.
Privada de Av. 11 #1 Col. El Vergel, Iztapalapa,
C.P. 09880, Ciudad de México.